JN440299

내가 침묵이었을 때

유경희 시집

문학의전당 시인선
223

내가 침묵이었을 때

유경희 시집

문학의전당

시인의 말

세상으로 나 있는 길을 잃어버리고
책 속으로 나 있는 길을 걷다보니
아주 고요한 곳에 오게 되었다.
이곳에 머물러야겠다. 한 생애가 지나가는 동안
잉크 정원을 가지고 싶은 아이가 있었다.
그녀는 그 꿈을 몇 번의 생애가 지나가는 동안 잊지 않고
새로 태어날 때마다 첫 번째 일기장에 적곤 하였다.
잉크로 그려 넣은 나무에 잎이 돋고 새가 와서 날아와 앉는다.

2016년 3월
유경희

차례

제2부

제3부

제4부

제1부

교실

오늘도 나는 아이들에게 빨리 걸어야 한다고 이야기를 한다
천천히 걸으면 작고 아름다운 것들을 볼 수 있다는 말은 하지 않는다
오늘도 나는 씨름 잘하는 아이에게 왜 달리기는 하지 못하느냐고 화를 낸다
오늘도 나는 푸른 세쿼이아 나무 한 그루에게
큰 숲에 가야만 큰 나무가 될 수 있다는 말을 한다
잡목림에서는 들꽃의 이야기를 들을 수 있다는 말은 하지 않는다
오늘도 난 아이들에게 거대한 행복에 대해서만 이야기를 한다
작은 아이들의 작은 행복은 모른 체한다
오늘도 난 높이 오르면 멀리 많은 것을 볼 수 있다고 이야기를 한다
그렇지만 높이 오르려면 많은 것을 잃어버릴 수도 있다는 말은 하지 않는다

언어의 여행

나는 처음에 아담의 입에서 태어나
우리가 태어난 것이 그렇듯이
처음에는 흙에 다음에는 영원을 꿈꾸며 석판에 새겨졌죠
나는 선과 악을 기록하기도 하고 창세 신화도 기록하고
때론 백과사전에 명예란 이름으로 앉아 있기도 하고
세상의 책 속에서 고요와 함께 잠을 자기도 한답니다
침묵과 소음의 중간지대가 나의 영토
사람들은 알 수 없는 것들에
운명이란 이름으로 나를 붙이기도 하고
우리 곁에 와 있는 신에게
사랑이란 이름으로 나를 붙이기도 하고
고통을 신의 얼굴이라 부르기도 하죠
나의 아주 오랫동안의 동행은 파피루스였고
A.D. 2000년 1월 3일인 오늘은 빛의 속도로 쓰이고 있죠
사람들은 이것을 희망이라고도 부르고
절망이라고도 부르지만
내게는 그냥 낭만적인 여행일 뿐이죠

칭기즈칸 Airport

만리장성 위를 만 피트 상공으로 지나면서 드는 생각
삶과 죽음이 이와 같지 않을까
고도가 높아지며 지워지는 풍경처럼
이생의 기억을 지우고 다시 태어나게 되겠지
초원에 와서 수만 년 동안
피고 졌을 들꽃을 보며 드는 생각
전생의 인연도 이번 생애의 인연도 후생의 인연도
연기처럼 희미하기만 하다

안개비 내리는 날

안개비 내리는 날 말 한 마리를 빌려서
칭기즈칸의 무덤을 찾아가는 길에 드는 생각;
지상에서 걸음마를 배우느라 날갯짓을 잃어버렸다
너무 오래 종종 거린 건 아닐까 다시 날 수 없는 건 아닐까

세상을 품고 있는 사내들의 가슴처럼
하루 안에 사계절이 다 있다
초원은 낮이면 코발트블루로 밝다가
흰색에서 검은색까지 여러 가지 표정으로 웃기도 하고
밤이면 별을 쏟아내는 하늘을 이고 있다

여름캠프

여름캠프가 열리니 목동들이 자꾸 와서 들여다본다
피리 소리가 초원의 풀 향기를 닮았다
칠흑 같은 어둠 속에 그가 왔다 캠프파이어 불빛을 찾아
눈빛이 별빛을 닮았다 만 년 전에서 그가 왔다
무언가가 잠 못 들게 하는데 그게 뭘까?
초원에 두고 온 별빛일까?

자유

광활한 초원에 와서 지평선과 눈을 맞추며 드는 생각
주렁주렁 치장을 하고 덕지덕지 화장을 하고
이런저런 눈치를 보며 바보처럼 살아왔다는 생각
칭기즈칸의 군대로 게르만의 영지까지 가본 적이 있는 내가
길들여지지 않은 채 극동의 작은 우리에 갇혀 있다
울음 우는 소리를 내며

가을볕이 좋은 옥탑 방에 페르시안 고양이 하나 졸고 있다
어린아이 하나 털을 골라주고 먹이를 주며 묻는다
행복한지 불행한지
그녀는 꿈결에서 자유의 냄새를 맡는다
한번 맡으면 영원히 잊을 수 없는 냄새를
술탄의 궁전에서 나던 냄새를

장안 성벽에서 쓰는 편지

일주일 동안 내가 본 문명의 징후들;
라사뉴스에 나온 반기문과 아베
생수광고에 나온 김수현 그 외에는
온통 야크와 양떼와 하늘빛과 초원들
청장열차 34시간을 달려 도착한 서안
달콤한 M-net CNN KBS world
사막의 먼지가 초원과 대륙을 잇고 경전을 실어 나른다
병마용에서 걸어 나온 병사들이
삼륜차를 몰고 장안 성벽을 걷고 마작을 하고
양꼬치를 굽고 비림의 그늘에서 잠을 자다가
실크로드로 대상을 떠난다
Pax Americana 따위는 아랑곳 하지 않고
청장열차가 낡은 제국주의를 실어 나르는
종루와 메르세데스 벤츠 고루와 게스 진이 칵테일을 마시는
고도 시안에 며칠째 비가 내리고 가을이 왔다
오래된 가을이

지상을 산책하는 법

밤이 왔다가 간다* 가면서 구름과 안개를 걷어간다
사랑이 왔다가 간다 가면서 향기를 남기고 간다
지상에 없는 향기다
비가 왔다가 간다 오래전 기억을 실어다 놓고 간다

지상을 산책하는 법
천천히 걸을 것 그래서 아주 조용한 소리도 듣고
그래서 작고 아름다운 것들과 함께 걸을 것

---

*인내의 돌.

개와 늑대의 시간

히말라야의 설향을 떠나지 않는 야크처럼
늑대는 숲에 남지 야생의 숲에
개가 된 사람들은 거세를 당하고……
버려지고 나서야 떠나온 숲을 기억해낸다
숲으로 가야겠다 야생초의 향기 속으로

그곳에서 해가 뜨면 일어나고
해가 지면 잠자리에 들면서
이슬이 내리고 마르는 것을
아주 천천히 지켜보아야겠다

라다크 식으로 살기

휴대폰을 잃어버린 날 라다크 식으로 살기로 한다
종이에 편지를 쓰고 우체국에 가고
답장을 아주 오래 기다리고
하루 한 끼의 식사와 남루한 몇 벌의 옷에 만족하고
인간으로 태어난 것에 감사하고
티베트 사자의 서(書)를 읽고
가판의 노인에게서 야채를 사고 꿀벌 한 마리를 살리고
지갑을 잃어버린 날 라다크 식으로 살기로 한다
씨앗을 심고 오래 기다리고 벌레와 나누어 먹고

사막과 초원 사이

나는 알 수가 없다
초원이 언제 끝나고 사막이 어디서부터 시작되는지
유년이 언제 끝나고 어디서부터 어른이 되는지
태평양을 닮은 엄마가 언제 낯선 아이로 돌아가는지
모래바람에 실려 들려오는 유목민의 노래를 듣는다
초원에는 삶이 사막에는 자유가 있다고 노래하는
나는 정말 알 수가 없다
어디까지가 그이고 어디서부터가 나인지

설산

설산에서 야크 한 마리가 계곡 아래 풀밭을 바라보고 있다
학교 지붕 및 알렉산드리아 도서관에
라인홀트 메스너와 함께 앉아 있다
수정 닮은 눈보라가 친다
카라코람 하이웨이를 천천히 걷는 노새처럼
천천히 글자와 글자 사이를 걷는다
한 남자가 하늘과 땅을 번갈아 바라보며
세상에 더 속할 것인지
고요 속에 묻힐 것인지에 대해
아주 오래 생각에 잠겨 있다
나는 미래의 사진첩에서 사진을 몇 장 꺼낸다
시베리아 횡단열차의 차창에 티베트 고원의 움막 안에
몽골의 초원 위에 내 후생의 얼굴이 겹친다
이생의 기억을 이곳에 두고 가야겠다
그곳에서는 아주 작은 소음도 눈사태를 만들어
많은 영혼을 묻어버리곤 한다
사람들은 결코 알지 못하지
새가 떠나고 나무가 죽고 눈은 몸을 버리고

……

내게는 카라코람 하이웨이를 지나
생을 히말라야에 가서 마치고 싶은 꿈이 있다
신의 마천루에서 가장 깊은 크레바스를 찾아

태평양

태평양을 나는 새 위에서
가장 깊은 곳과 높은 곳의 침묵에 대해서 생각해본다
그 속의 작은 우리들에 대해서
지구는 해진 가슴으로 우리를 안고 있고
하늘은 우리를 들여다보며 묻는다
괜찮은지 정말 괜찮은지
하늘에 상처를 내며 새가 난다
문명의 낙서가 없는 곳에서 고요를 본 듯하다
이 순간만큼은 운명이 똑같은 얼굴을 하고 있다

설악

세상의 소리가 닿지 않는 곳에서
깊은 샘을 품어 산짐승들을 먹이고
오솔길을 하나만 허락하고
한 계절에 한 번씩 붓을 들어 색칠을 하면서
멀리 수평선을 바라보다가
겨우내 품었던 시내가 떠나가는 곳으로
시선을 주기도 하는

아픈 날

그는 첫 번째 호흡과 마지막 호흡 사이에 있다
난 그가 어떻게 생겼는지 어떤 이름으로 불리는지
수로가 얼마나 긴지 수량이 얼마나 되는지
유속이 어떤지 간이역은 어디쯤 있는지
기차는 언제쯤 멈추는지 알 수가 없다
그가 내란의 음모를 꾸미고 있는지조차도
알 수가 없다
가만히 앉아서 숨소리를 들어볼 뿐
그는 아마 작별 인사도 없이
나를 떠날 것이다

바둑

천 년 전의 대지에 뿌리가 닿아 있는 나무에
세상의 모든 색을 안고 있는 점 하나가 앉아 있다
그는 앉을 때 루브르 안의 아시리아 성벽이
우는 소리를 낸다
태양이 실크로드를 지나며 무한대의 표정을 짓는다
언어는 지워지고 색채도 내려놓은
침묵의 사유지다

비 오는 밤

신은 아주 작은 돌을 위해서도 여러 번 데생을 하신다*
작은 새를 위해서도 여러 개의 음조를 모으시고
작은 개미조차도 세상의 색깔을 전부 넣어 빚으신다
빗방울들이 내게 와 말을 건다 수많은 나라의 언어로
나는 질문마다에 내 모국어로 답변을 준비한다
이름 모를 풀들 사이를 걷는다
그들도 내 이름을 알고 싶어 하지 않는다
개미가 몇 세기를 넘나들며 집을 짓는다
15세기의 흙속에 빗방울이 하나 스며든다

---

* 책벌레 중에서.

제2부

신의 밑줄

신은 이런 곳에 밑줄을 긋는다
실크로드 위를 지나는 비행기에
수평선 위에 지평선 위에
이름 없이 살다 간 사람의 묘석 위에
중앙아시아의 초원 위에
어린아이의 말을 하는 사람의 입술 위에
자벌레의 발밑에

Silk Road

자이푸르의 성곽 마을에서 우루무치행 편도 티켓을 산다
칭기즈칸 군대의 말발굽 소리가 난다
"식기 전에 해치워버려"
총 맞은 체첸 소녀를 덮치며 러시아 병사가 하는 말

삶과 죽음이 피를 섞는다

야생 보호구역*

내가 침묵이었을 때, 툰드라의 이끼, 나무 장미 울타리, 사슴의 눈망울, 아기의 첫 호흡, 찔레나무의 첫 번째 잎사귀, 깊은 우물의 두레박, 14세기 편지의 한 구절이었을 때 내가 숲의 그늘, 지나가는 계절, 코요테의 울음소리, 마야의 실, 메타세쿼이아 가지의 종달새였을 때, 일 분마다 우주가 사라질 때 내가 침묵으로 돌아갈 때

---

* 필립 시먼스의 『소멸의 아름다움』을 읽고.

India

힌두 사원 앞 아기 거지 하나
구걸이 시원치 않으니 다리 저는 연습을 한다
관광객이 다가오니 여자 거지가 아이를 하나 들쳐 업는다
애처로운 표정을 지으며 관광객은 지나가고
내동댕이쳐진 아이는 다리 저는 연습을 한다
그 옆을 시선도 주지 않은 채 뚱뚱한 승려 하나가 간다

사랑한다고 말하는 대신에

J를 사랑한다고 말하는 대신에
혼자 오래 울고
빗속을 하루 종일 걷고
그에게 비치던 태양이 담긴
와인을 사러 가고
긴 일기를 쓰고
심장이 너무 아픈 날에는
심장의 피를 찍어 시를 쓴다

S를 사랑하지 않는다고 말하는 대신에
……

난 너에게 사랑한다고 말하는 대신에
아주 오래 죽음을 생각해

고요

쉿 조용히 해 아무도 들어오면 안 돼
고요 속에서만 피는 꽃이
하나 피고 있어
천년에 한번 피는 꽃이
히말라야 산속에는
아무도 본 적이 없어서
이름이 없는 꽃이 하나 피어 있다

노마드

초지를 찾을 수 없어서 집을 짓기 시작했지
바닥을 놓으니 땅의 노래를 들을 수 없었다
기둥을 세우니 풍경이 상처를 입는다
지붕을 만드니 하늘의 소리를 들을 수 없어서
낮에는 갈 곳이 없었고 밤에는 무엇엔가 쫓겼어

내가 지상에서 바라는 것 하나
우루무치행 편도 티켓 하나

의류 수거함

낡은 옷가지 몇 개를 의류 수거함에 넣으며
누더기를 걸치고도 눈이 맑은
티베트 아이들을 생각한다
혹시 우린 누추한 영혼을 감추느라
화려한 옷이 필요한 건 아닌지
명품이 필요 없는 사람들이 있다

Ending credit

극지대로 달아나다 고사해버린 전나무 숲에서
찢겨서 죽은 아기 호랑이가 발견되었다
바람에 날린 민들레 홀씨는
아무 곳에서 뿌리내리지 않은 지 오래
이제 마을에는 아기 울음소리가 없다
악보에서 음표가 지워졌다
실험실의 생쥐가 자살을 한 아침
우리 생의 황량한 시베리아에서
어미 호랑이가 새끼 호랑이를 죽였다는 소식

안식휴가

눈사람 OST에 차를 타서 마시면서
조간신문을 천천히 볼 수 있는 여유
아이의 재잘거림을 하나도 빼지 않고 일기장에 적는 일
어제보다 조금 커진 아이를 안아주는 일
지옥으로 가는 기차와 공동묘지로 가는 기차밖에 없는
이상한 기차역이 나오는 꿈을 꾸었다는
그래서 자기 무덤에 가서 차를 마셨다는
아이의 꿈 이야기를 들어주는 일
그래서 다음번에는 그 기차를 꼭 함께 타주겠노라고
약속하는 일
세계로 향해 열린 창에 앉아
아주 오래전에 쓰기 시작한 편지를 계속 쓰는 일
하늘로 날아가다가 나무에서 쉬기도 하는
실내화 가방을 보는 일
봄꽃들마다와 눈을 맞춰보는 것
몇 세기를 넘나드는 개미를 따라
15세기까지 내 전생을 따라가 보는 것

이상은 내가 낙서된 지폐 몇 장과 바꾼 것들

독서

책을 읽는 것은
한 사람이 모노톤의 배경에 앉아 독백을 하고
한 사람이 햇빛 쏟아져 들어오는 서가에 앉아
그 소리를 듣는 것
가끔은 서로 다른 언어를 말하기도 하지만
서로를 이해하고 영혼의 숲을 보조를 맞추어 걷는 일

일기

세상의 속도에 맞춰 종종거리는 나를
새가 먼 가지에 앉아 바라본다
새의 노래를 들을 수가 없다
웃고 있는지 울고 있는지조차
알 수가 없다

내일은 새에게 가야겠다

묘비

바람이 지나며 묘비를 읽는다
이곳에 한 번도 길들여진 적이 없고
우리에 갇힌 적이 없는
이름 하나로 규정할 수 없는
자유 영혼이 누워 있노라
자유를 잃어야만 얻을 수 있는
평판 따위는 산 적이 없는

이스탄불

기도 속으로 벌거벗은 여자가 간다
이스탄불의 유곽에는
사랑을 해주지 않으면 죽이겠노라고*
말을 하는
검은 머리의 여자가 있다

---

* 인용.

산채 나물 정식

어스름 무렵
낯선 걸인 하나
처마에 들어
시 한 수와
밥 한 상을 바꾸자고 한다

밥집 아줌마 밥 한 상
상다리가 부러지게
내어놓는다
밤이 따뜻하다

Silk Road 2

한 눈에는 아시아가 다른 눈에는 유럽이
한쪽 귀에는 신음이 다른 쪽에는 웃음이
눈을 뜨면 색채의 세계가
눈을 감으면 색이 없는 세계가 보였다
두 개의 낮과 밤이 쳇바퀴를 도는 6월에
여러 겹의 자아와 신비와
비밀의 문이 열렸다*
실크로드 위의 칠천 피트 상공에서

---

*헤르만 헤세, 『유리알 유희』.

인도로 가는 길

인도로 간다
원하는 말을 하고 원하는 신을 믿는 사람들의 땅으로 간다
영혼의 둘째 마디가 골절되어 전신 마비된 몸을 이끌고
문명이라는 남루를 걸친 채 그들에게 누가 되지 않을까
염려하면서
카라코람 하이웨이를 지나
아유르베다의 향기 속으로 가는 길

제3부

북한강

강물이 시작되는 곳에서
강물이 끝나는 곳까지의 여행이었다
산소와 녹음을 떠나 잿빛 하늘빛으로의 이주
이젠 그곳으로 돌아가야 할 시간
그곳에서는 서로가 서로를 들여다보며 안부를 묻는다
빗방울이 눈송이가 안개방울들이
바다에 가까이 오니 물결이 잔잔하다
나를 잃게 되겠지만 평화를 입게 되겠지
몇 세기쯤 대양을 뒤척이다가
나무의 몸에서 한 세기쯤 자고
투명한 몸으로 자유를 살다가
산소와 녹음뿐인 그 골짜기에
한 방울 비로 내리는 꿈

Last caravan*

닥터 지바고의 오마 샤리프가 시베리아 횡단열차를 타고
자작나무 숲을 지나며 하는 말;
세상을 위해서는 의사가 되고
나를 위해서는 시인이 되어야지

일상을 접고 실크로드로 간다
사막의 정령들의 이야기를 들으러
카라반의 기도 소리가 들려온다
우리는 조용히 지나가기만 할 것을 약속합니다
정령들의 말을 종이에 적어본다

---

*『Last caravan』을 읽고.

꿀벌은 배우지 않아도

꿀벌은 배우지 않아도 꿀을 만들지
장미는 배우지 않아도 색을 만들 수 있어
우리는 우리의 피에
어둠을 더할 수도 빛을 더할 수도 있지
아이들은 배우지 않아도 천상의 말을 한다

검은 책

오르한 파묵을 읽으며 중앙아시아의 스텝을
Caravan처럼 걷는다
극동에서 이스탄불의 구시가까지
황토빛 풍경에 지쳐 갈 때쯤
오아시스의 출현이다
그녀는 오아시스를 지날 때마다
다른 사람이 되어 다른 시대를 걸었다
Fairy Chimney에 들러 잠을 청하며
아바노스산 질그릇에 차를 마신다
한 생애는 학자로 한 생애는 창녀로 살았던
청년 하나가 Sarz를 연주한다
많은 일들이 있었지만 찻잔 속의 폭풍이었다

아랍식 정원이 있는 집
—Sofa hotel 이야기

셔터만 누르면 엽서가 되는 여러 개의 아랍식 정원이 있는
예쁜 집에 K와 앉아 저녁 식사를 기다린다
은퇴한 화가인 바깥주인은 화분에 물을 주고 있고
한쪽 벽의 모자이크 집시 소녀의 얼굴에
자꾸만 눈길이 간다
남태평양에서 온 루시는 파리스 룸에
네덜란드에서 온 독신 남자 에드는 헬레네 룸에
호주에서 온 나일즈 할아버지는
아르테미스 품에 안겨 잠이 들고
우리는 이스탄불에서 묵는다
자정이 되자 개가 많이 짖기 시작하는데
마을 묘지의 사람들이 하루를 시작하는 소리인 것 같다
이곳 사람들은 셀 수 없이 기도를 한다
우리가 어디에서 시작되었는지 우리가 어디로 가고 있는지
고요가 무엇인지 진실이 무엇인지
시간이 지울 수 없는 것이 무엇인지에 대하여

Caravan Saray

무채색의 양탄자가 점점이 펼쳐져 있는
중앙아시아 스텝의 카라반 사라이에서 드는 생각
그들은 아마 세상의 여백에 길을 내면서
문명을 지었을 것이다
아마 이쯤에서 그들은 지나온 길과 걸어가야 할 길을
오래 바라보기도 했을 것이다
그리고 아마 울기도 했을 것이다 지금의 나처럼
이들 중 누군가는 아시아의 신비를
누군가는 죽음을 만났을 것이다
중앙아시아의 스텝을 걷는다
바람과 구름이 배경이 되어준다
이미 오래전에 동행은 사라진 듯하다
혼자서 길을 만들며 가보기로 한다

아야 소피아

여러 대륙에서 온 사람들이 아야 소피아에서
삶의 피로를 내려놓고 생의 의미를 묻는다
시간이 그리고 지우는 성 앞에서
자신들의 삶을 들여다보면서
아야 소피아의 지워진 성화가
전생을 지우고 이생을 사는 우리를 닮아 있다
여러 세기의 건축 양식으로 지어진 성전에서
예수와 알라가 교대로 고해성사를 듣는다

히말라야에서 쓰는 편지

1.

영화 〈관상〉을 보며 『글로벌 거지 부부』를 읽으며 장안을 지나 실크로드를 지나 티베트 가는 길의 책 속의 한 구절 나는 지금 혁명을 하고 싶은 것이다

2.

하루 안에 사계절이 다 들어 있고 한몸 안에 여러 번의 가을이 들어 있다 어린아이와 스무 살의 청춘과 찬이슬이 내리는 이마와 초로의 신사가

3.

이 나라는 야성적인 남자를 닮았다 높은 산과 넓은 평야 긴 강이 있다 그리고 어디에나 룽다*의 노래가 있다 포탈라의 세상 어디에도 없는 크레파스 닮은 채색과 하늘 위 호수 조캉 사원의 오체투지 겨울국화의 향기 이 모든 것이 희박한 공기 속에 있다

4.

휴대폰이 안 되는 곳으로 휴가를 왔다 설산과 야크와 양떼와

티베탄들이 있는 곳으로 무엇이 더 필요할까? 해가 뜨고 지고 이슬이 마르는 것이 전부인 이곳에서

5.
티베트 최초의 왕궁이라는 융브라캉을 말 타고 오르는 길
늙은 마부와 나는 서로 다른 언어를 하지만 말을 할 수 있다 말이 불쌍하다는 얘기와 어깨가 굽어보인다는 말 등을…… 그리고 이 할아버지 필요 이상으로 손을 잡아주고 엉덩이를 밀어 올려준다

6.
산소통을 들고 하늘 호수 가는 길에 라첸라 페스 지나는 길
해발 5,132m 인간의 육체로 지나기 힘든 길
코피가 나고 손발이 저리고 호흡이 가빠오고 이곳에서 이들은 살고 있다

7.
너는 이리도 높고 깊게 자태를 숨기고 있구나 4,488m에 바다

의 기억을 감춘 채 난 너에게 다가가 볼 테야 분노한 신들의 안식처에**

8.

해발 6,000m 밀폐된 기차 안 산소탱크에 누워 가면서 드는 생각; 이럴 때가 있는 거지 호흡이 가빠오고 심장이 멈출 듯하고 정신이 혼미해지는 이런 순간이 하지만 어딘가 있을 거야 이곳에서 나갈 수 있는 마법의 주문이

9.

그는 천 년 전에서 왔다 지상의 문자를 배운 적이 없는 그는 부처님의 말씀을 천에 적어 바람이 대신 읽게 한다 그의 말은 바람소리를 닮아 초원에 가장 가깝다

10.

청장열차 안에서 본 티베탄 하나 자꾸 얼굴을 훔쳐보더니 여행 내내 가방을 번쩍 들어준다 눈빛이 초원의 별빛 같다

*룽다 : 티베트인들이 문자를 모를 때 불경을 천에 적어 바람이 읽도록 한 것.
**암드록쵸.

Pethiye

고대 리키아인들의 무덤이 있는 지중해의 Pethiye라는 해변에서

바다에 발을 담글 수 있는 호텔을 운영하는 한 터키 남자의 말

우리는 일상이 지겨울 때면 파리 같은 데로 여행을 가죠

어디나 일상은 일상이다 그것이 지중해 크루즈라고 해도

여백

신이 남겨둔 여백 위로 새 한 마리가 난다
가을이 왔는데 여름에 머물렀던
그 산장에 다시 와서 머문다
지난겨울의 기억 폭풍우의 기억이 있다
흔적을 남기지 않는 것이 시
한마디 말도 없이 피고 지고
흙으로 돌아가는 들꽃
한 송이처럼

하리칸다

시간이 지운 성채를 앙카라 대학의 아이들이 다시 짓는다
그 광경을 고대 리키아인들이 보고 있고
하리칸다를 지켜온 천년 된 소나무가
극동에서 온 우리를 지켜본다

클레오파트라 하맘

아프리카와 유럽이 두 팔을 벌려 안고 있는
지중해에 수평으로 누워본다
오늘 이곳은 하늘과 바다 그리고 나뿐이다
지중해의 태양을 찾아온 북구의 아이들이
모래 위 아랍 식 찻집에 앉아
Sarz 연주를 들으며 바람이 불 때마다 입을 맞춘다

아나톨리아

왕복 1차선 고속도로를 마음대로 넘나드는 염소 옆에
아나톨리안 목부 하나 서 있다
한국과 터키는 하나의 태양이 비치니 형제의 나라란다
아무것도 섞이지 않은 웃음에 우리의 남루한 영혼을 씻는다
무너진 성벽 아래
작은 양탄자 위에 한 생애를 내려놓았다가
고요 속으로 떠나는 아나톨리안 목부가 있다
두 대륙이 만든 나라에서 피가 섞이는 소리를 듣는다

지중해

어느 해 여름인가 에페소스 신전이 있는 동부 지중해 어디쯤 인가로 여행을 갔을 때였어 곤야에서 셀축으로 가는 버스 안에서 듣게 된 노래 '지중해' 다시 지어지고 있는 신전처럼 무언가 자라는 소리가 들렸어

잠이 쏟아지는 오후 세상 한 귀퉁이 내 작은 책상에 앉아 이 노래를 들으며 날아오르는 꿈을 꿔 아라비안나이트 속으로의 여행 나일즈 할아버지와 에드 쥬얼스와 희랍 처녀 하나와 나뭇잎 같은 남자가 출현하는 허브티 닮은 오후

사랑이 시작된다는 건

사랑이 시작된다는 건 세상에 없는 색채와 소리를
잠시 보고 들을 수 있다는 것
사랑이 시작된다는 건 오래전에 잉크로 그려 넣은 나무에
새가 한 마리 와서 운다는 것
사랑이 시작된다는 건 그 노래를 따라
숲의 가장 고요한 곳까지 가보는 것
사랑이 시작된다는 건
신들이 때로 질투를 하기도 한다는 것
이건 그의 것이 아니야 물론 내 것도 아니지
이건 단지 상황일 뿐
우리 생애의 한 지점에서 전생의 기억이 말을 걸어오면
웃으면서 인사를 할 일이다

사랑이 시작된다는 건 혼자 우는 시간이 많아진다는 것

Apple Tea

아버지가 된 오래된 연인과 함께
친구가 된 오래된 정부와 함께
오후의 차 탁자에 앉아
Apple Tea를 마시면서
일기장 한편에
때론 동화 같고
때론 폭풍 같았다고 쓴다

백년 된 학교의 도서관

비 오는 날 백년 된 학교의 도서관에 앉아 있노라면
그가 기원전의 서가에서 나와 책을 읽기도 한다
숨소리도 들리고 인기척도 느껴지지만
난 그를 아는 체 하지 않고 내 독서에 열중한다
그러면 그는 오랜 독서에 지친 듯 기지개를 켜며
천천히 책들을 둘러보다가 기원전의 서가로 돌아가
책장을 덮는다 창가의 빗소리가 맑다
그리고 아주 가끔은 그가 내게 와서
세 가지 침대에 관한 이야기를 하기도 한다*
난 그의 침대 이야기를 들으며
시는 진실이 아닐지도 모른다는
생각을 하기도 한다

---

* 플라톤의 『국가론』.

제4부

눈 내리는 밤

막차를 타고 눈 내리는 작은 시골 마을에 내려
지워지고 있는 오솔길을 지나
오두막에 들어
창문을 닫고 커튼을 치고
플러그를 내리고
어둠 속에 혼자 누워 있곤 한다

아침이 올 때까지는 죽은 자들과의 시간이다
눈이 세상의 소음과 낙서를 지운다

전쟁터

사람마다 각자 전쟁터가 있기 마련이지*

물음표를 했다가
말줄임표를 했다가
탄식을 적어 넣었다가
어느 날은 울기도 하고
어떤 날은 가짜로 웃기도 하는

---

*무라카미 하루키, 『어둠의 저편』.

형이상학적인 대화 1

난 널 볼 수도 만질 수도 없지만 느낄 수는 있어
연인들이 헤어질 때 가장 사랑하는 것처럼
우리의 대화는 가장 깊어 바로 지금
내가 티베트 사자의 서(書)를 너에게 읽어주는 이 시간에

형이상학적 대화 2

지금은 너와 나만의 시간이야
세상 그 무엇도 우리 사이에 들어올 수 없어
명예도 혈육도 너의 침묵과 나의 눈물이
우리가 나누는 마지막 대화
춘천의 맑은 하늘을 볼 때마다
난 너의 마음이라고 생각할 거야
새가 울면 너의 목소리라고
눈이 내리면 너의 영혼이라고
긴 강은 우리 우정이라고

미안해요

내가 기억하는 내 모든 잘못한 일에 대해 미안해요
내가 기억 못하는 내 모든 잘못한 일에 대해 미안해요
엄마가 기억하는 내 모든 잘못한 일에 대해 미안해요
엄마가 기억 못하는 내 모든 잘못한 일에 대해 미안해요
아빠가 기억하는 내 모든 잘못한 일에 대해 미안해요
아빠가 기억 못하는 내 모든 잘못한 일에 대해 미안해요
엄마도 아빠도 나도 기억 못하지만 일어났던
내 모든 잘못한 일에 대해 미안해요

내 삶을 해석하느라

긴 겨울이 지나고 여름 닮은 봄이 왔다
내 삶을 해석하느라 몇 번의 계절을 잃어버렸다
지상의 말을 잃어버려 아프다는 말을 할 수가 없다
우는 법을 잃어버려 울 수가 없다
운명이 어떤 표정을 지어도 웃기 그게 용기

중간 지대
—특수 학급

소음과 침묵 사이 낙서와 백지 사이
지평선과 나무 사이
엄마의 사랑과 상형문자 사이에
신과 사람 사이 사람과 고양이 사이에
탄생과 소멸 사이에
백지와 양피지 사이에
밤과 아침 사이
새와 오리 사이에

아무도 모를 거야

아무도 모를 거야 내가 이곳에서 울고 있는 것을 울다가 지쳐서 잠이 든 것도

그만이 내게 천국과 지옥을 줄 수 있지 내 매일은 천국과 지옥 간의 그네타기야

때론 치명적으로 높이 날아오르기도 하지만 난 항상 언제나 그 자리에

지나가는 사람의 스치는 눈빛 하나에 온 생애를 걸고 싶어지는 건

그만큼 이번 생애가 위태로웠다는 의미일 거다 그에게서만 태양이 내게 올 수 있지

난 그로만 광합성을 해 난 그에게 말을 걸 수도 없어 오래 들여다보아도 안 돼

난 슬프지만 슬프다고 그에게 말할 수도 없어 난 사랑하지만

사랑한다고 말할 수도 없어 난 그를 알지만 안다고 말할 수도 없어

그가 있어 이곳이 마법의 공간이야 난 피하지 않을 테야

도망가지도 숨지도 않을 테야 그를 내 환상 속에 넣어두고 물을 주고

햇빛을 쬐여주고 벌레를 잡아 줄 테야 하지만 그가 정말 있는 걸까

안식휴가 2

아무것도 적히지 않은 노트 같은
평화로운 하루가 흘러간다
가만히 침대에 누워
하늘에 동그라미를 하나 그려본다
무지개도 하나 그려본다
색들을 하나하나 칠해본다
나뭇잎 한 장 바람 한 올 햇빛 한 점을 넣어서
열매를 하나 빚는다
자, 이제 백악기의 석탄층쯤에 들어가
영원히 잠을 자는 거다
아무것도 적히지 않는 노트에서는 수평선이
유목민의 지평선 속으로 사라지기도 한다

안식휴가 3

모두가 나를 보고 웃는다

이불 위의 들꽃들이 나무 침대의 목재 향기가
안에 있는 건지 밖에 있는 건지 알 수 없는
그림 속 장미가
몇 해째인가 벽에 걸려 있는
마른 꽃도 희미하게 웃어준다
꿈 없는 잠이 아이비 화분 속의 달팽이가
커피 향기가 십자매의 웃음소리가
……

상처*

상처가 하나 있는데
상처 속에서 항상 홍수가 나고
폭설이 내리고
혈관이 새로 생기고
위도와 경도를 바꾼다

---

*인용.

전생

그는 나를 폭풍처럼 휘청거리게 하고
난 똑바로 서 있으려고 노력했지만
아주 멀리까지 날아가 버리고 말았다
난 집을 찾을 수 없어서
그곳에 새 집을 지었다
그런데 가끔은 전생의 가족들이
그곳에 들르곤 하였지만
난 기억할 수 없었고
그들도 그곳에 오래 머물 수는 없었다
그러나 가끔 그들이 그리워지기는 하였다
끝이 보이지 않는 몽골의 초원에서
아주 잠깐 동안 든 생각

시 쓰는 밤

치사량의 독이다 성분을 알 수 없는
지상엔 백신이 없는지도 모르지
지독한 난산이다
흰 가운을 입고 내 곁을 왔다 갔다 하는
사람에게 묻는다
얼마나 아플까요? 얼마나 걸릴까요?
신만이 아신답니다
지상이 원하지 않는 것을 낳았다
인디언 여자처럼 혼자 낳은 이 아이를
무한과 영원을 알도록 길러야겠다

빵과 장미

아침을 짓는 동안 이슬은 마르고 점심을 짓는 동안
태양의 가장 강렬한 빛은 기울고
저녁을 짓는 동안 나팔꽃은 꽃잎을 닫습니다
밥을 짓느라 장미는 기르지 못했습니다
하지만 나는 장미 같은 생이었다고 생각하렵니다

나무 난로

죽은 사람이 부르는 노래를 들으며
죽은 사람이 쓴 책을 읽는다
겨울이 오고 있는 나무 난롯가에서
우리에겐 죽음이 삶보다 많다
네가 곁에 있을 때 죽음은 뒤에
삶은 앞에 있었지*
네가 가고 나니
죽음이 앞에 삶이 뒤에 있어
난 아무것도 볼 수 없지
햇빛도 장미도

---

* 인용.

마을 묘지

마을묘지 앞 카페 야외 테이블에
그림같이 아름다운 남자가 하나 앉아 있다
저런 남자를 만나 결혼을 하고
이 마을에 그냥 눌러앉아 버리는 상상을 한다
아이를 낳고 양떼를 몰고 삼백 년쯤 지나면
피가 점점 묽어지다가
나라는 존재는 사라져가겠지
먼 옛날 티베트의 핏속으로 녹아들었던 기억처럼

환상통

동화책이 열렸다 닫히는 사이
장미 꽃잎이 하나 피었다 지는 사이
이슬이 내렸다 마르는 사이에
지상에 이름이 없는 꽃이 하나 피었다
우리 사랑은 조금 복잡하다
시간의 마법에 걸려서
넌 눈송이처럼 예쁘지만
아마 눈송이보다 빨리 사라질 거야
떨어진 장미 잎에서 색이 사라져가
너만이 이 비를 햇빛으로 바꿀 수 있어
너만이 이 울음을
크리스마스 벨 소리로 바꿀 수 있어
너만이 내 우울한 아침에
파스텔톤 색조가 되어주고
지상이 아닌 것을 본 듯하다

해설

'개와 늑대의 시간' 속을 떠도는 침묵의 시

이현호 시인

유경희의 시를 읽다 보면 '개와 늑대의 시간' 속을 걷고 있는 듯한 기분이 든다. 시집에 수록되어 있는 시의 제목이기도 한 '개와 늑대의 시간'은 프랑스 말 'heure entre chien et loup'을 번역한 것으로, 해가 져 사물의 윤곽이 흐릿하게 보이는 황혼녘을 가리킨다. 왜 하필 '개와 늑대'의 시간일까? 땅거미가 드리우고 노을이 타오르면 언덕 너머로 다가오는 그림자가 집에서 기르는 개의 것인지 자신을 해치러 오는 늑대의 것인지 분간할 수 없기 때문이라고 한다. 이 말에는 미지(未知)에 대한 인간의 근원적인 공포가 숨어 있다. 개와 늑대를 구분할 수 없는, 낮도 밤도 아닌 모호한 시간은 우리에게 혼란과 불안을 불러일으킨다. 이 불분명한 시간은 개와 늑대, 빛과 어둠, 이편과 저편, 현실과 꿈, 이승과 저승이 뒤섞이는 무경계의 순간으로서 익숙하던 세계를 갑자기 낯설게 만들어버린다. 박완서는 그의 소설에서 이 시간이 우리에게 안겨주는 특별한 감정을 아래와 같이 표현하기도 했다.

> 내가 좋아하는 어느 불문학자의 글에서 읽은 건데 불란서 사람들은 해가 지고 사물의 윤곽이 흐려질 무렵을 개와 늑대 사이의 시간이라고 한대. 멋있지? 집에서 기르는 친숙한 개가 늑대처럼 낯설어 보이는 섬뜩한 시간이라는 뜻이라나 봐. 나는 그 반대야. 낯설고 적대적이던 사물들이 거짓말처럼 부드럽고 친숙해지는 게 바로 이 시간이야. 그렇게 반대로 생각해도 나는 그 말이 좋아. 빛 속에 명료하게 드러난 바깥세상은 사실 나에게 맨날맨날 낯설어. 너무 사나워서 겁도 나구, 나한테 적의를 품고 나를 밀어내는 것 같아서 괜히 긴장하는 게 피곤하기도 하구. 긴장해 봤댔자지, 내가 뭘 할 수 있겠어.
>
> —박완서, 『아주 오래된 농담』 부분

굳이 시집 해설에 소설의 한 토막을 인용한 것은 인용문에 나타난 화자의 태도와 유경희의 시적 세계관이 적잖이 닮아 있는 까닭이다. '개와 늑대의 시간'이 풀어놓는 그 황홀한 빛깔을 잉크로 삼은 듯, 유경희의 시에는 나와 너, 이곳과 저곳, 과거와 미래, 삶과 죽음 등 우리가 당연하게 받아들이는 이분법적 개념들이 허물어진 채 뒤엉켜 있다. 보통 사람이라면 점점 짙게 내리깔리는 어둠을 밟은 채 태양이 내뿜는 붉은빛을 등에 업고 있는 정체 모를 검은 형체 앞에서 어떤 섬뜩함을 느낄 테지만, 유경희는 인용문의 화자처럼 그 '낯섦'을 아주 친숙한 것으로 탈바꿈시킨다. 인정하고 포용하는 것에서 더 나아가 그것을 스스로의 정체성으로 삼아버린다. 무언가를 분리하고 구별하는 목적으로 창조된 일체의 것들이 그 효용성을 상실하는 시공간이 바로 자신의 본향이라는 듯 유경희는 그 어렴풋한 시간과 흐릿한 장소를 자유롭게 흘러 다닌다.

일반적으로 자기 정체성을 바로 세우지 못하고, 피아(彼我)의 구분이 불확실한 상황에 놓인 존재는 그것들을 명확히 하기 위해 노력하기 마련이다. 스스로에게 침잠하여 내면을 탐구하거나 세계와의 대면을 통해 그 처지와 상황을 극복하려고 한다. 이는 정체성을 수립하고 피아를 나누기 위해서는 먼저 스스로를 비추어볼 수 있는 타자가 필요하므로 자기 자신이나 외부 세계를 그 대상으로 삼는 것이다. 그리고 타자와의 동일화를 시도하거나 타자와 대립하는 방식으로 정체성을 확립해나가며 그와 나, 저편과 이편을 분간 짓게 된다. 그런데 유경희는 내면으로 깊이 들어가지도 세계와 투쟁하지도 않으면서, 아무런 어색함도 불편함도 없이, 안개의 숲속을 스스로 안개가 되어 활보한다. 이 시집은 "지상에 없는 향기"(「지상을 산책하는 법」) 같은 희미한 존재들이 무연하고 무분별한 세계를 산책하는 법에 대한 기록이다. 유경희에게는 일상처럼 익숙하지만 우리에게는 분명 낯설 그 산책길을 쫓아가보자.

1. 개와 늑대의 시간 속에서

앞서 말했듯이 유경희의 시는 일체의 변별점들을 해체하는 지점에서 시작한다. 우리가 아무런 의심 없이 내면화하고 있는 온갖 규율과 우리의 삶을 지배하는 숱한 규칙들, 그것들이 만들어내는 고정관념과 위상(位相)과 위계 따위는 유경희 시에서는 아무런 힘도 발휘하지 못한다. 아니 더 정확히 말하자면 유경희는 해체를 통해 그것들의 힘을 약화시킨다기보다 처음부터 그것들의 존재를 인지하지 않는다. 유경희에게는 과거-현재-미래라는 시간개념도, 국경과 같이 무언가를 구획 짓는 공간개념도, 나와 대상을 분간하는 정체성도 없다. 모든 것은 무화(無化)되고, 나는 나를 잊은 몰아(沒我)의 상태로 떠돈다. 이렇게 현실을 유지하는 개념적 질서들이 무너진 틈으로 환상이 비어져 나오고, 현실감을 잊은 주체들은 그 환상을 아무런 의구심 없이 바라본다. 현실은 구름안개 속을 걷는 것처럼 몽롱하고, 환상은 비존재가 아니라 구체적인 현상으로서 눈앞에 현현(顯現)한다. 그것들은 혼재하는 것이 아니라 그 자체로 현실이면서 동시에 환상이 된다. 현실과 환상 사이에는 아무런 차이가 없다. 현실은 환상의 옷을 입고, 환상은 현실 속을 당당하게 걸어 다닌다. 따라서 유경희의 시에서는 체험과 상상의 구분이 무의미하다. 때로 실제의 체험이 아득하게 느껴지고, 상상은 체험적 진실이 되기도 한다.

시간이 지운 성채를 앙카라 대학의 아이들이 다시 짓는다
그 광경을 고대 리키아인들이 보고 있고
하리칸다를 지켜온 천년 된 소나무가
극동에서 온 우리를 지켜본다

—「하리칸다」 전문

이 짧은 시의 시간적, 공간적 배경은 언제, 어디일까. 1946년 설립된 앙카라 대학과 기원전 고대 그리스의 도시였던 리키아, 그리고 천년 된 소나무와 현재의 우리가 함께 존재하고 있는 이 시간을 언제라고 불러야 할까. 잉카라 대학이 있는 터키와 오늘날 소아시아 남서쪽 지방인 리키아와 극동이 모여 있는 이곳을 어디라고 해야 할까. 과거와 현재, 이쪽과 저쪽이 한자리에 모여 있는 이 시공간은 현실인가 환상인가. 이처럼 유경희의 시는 무어라고 딱히 꼬집어 말할 수 없는 시공간 속으로 우리를 이끈다. 그곳에선 "하루 안에 사계절이 다 들어 있고 한몸 안에 여러 번의 가을이 들어 있"(「히말라야에서 쓰는 편지」)기도 하고, "개미가 몇 세기를 넘나들며 집을" 지으며, "15세기의 흙속에 빗방울이 하나 스며"(이상 「비 오는 밤」)들고, "병마용에서 걸어 나온 병

사들이/삼륜차를 몰고 장안 성벽을 걷고 마작을 하고/양꼬치를 굽고 비림의 그늘에서 잠을 자다가/실크로드로 대상을 떠"(「장안 성벽에서 쓰는 편지」)나기도 한다. 바야흐로 시계와 달력으로는 설명할 수 없는 '개와 늑대의 시간'이다. 그 시간에 존재하는 나는 아직 개도 늑대도 아니지만 동시에 개이면서 늑대이기도 하다. 아직 하나의 존재로 규명되지 못한 모호함은 오히려 다양한 존재로의 변신 가능성이 된다. 그리고 이 독특한 시공간감과 자기 정립으로부터 유경희의 시는 발생한다.

2. 유목민의 상상력과 이국취미의 정서

유경희 시에서 흥미로운 점 중 하나는 자기가 누구인지 모른다고 말하면서도 스스로에 대해 별로 궁금해하지 않는다는 것이다. 유경희 시의 화자들은 '나는 누구인가'라고 물으면서도 그 대답을 애써 찾고자 하지 않는다. 그런데 역설적으로 자기 존재를 향한 이러한 무관심으로 인해 그들은 무엇이든 될 수 있다. 대상의 세계와 구별된 인식과 행위의 주체로서, 체험이 누적되어도 동일성을 지속하는 '나'라는 '의식의 동일체'를 고집하기 않기에, 그들은 시공간을 초월하여 다른 무엇으로든 존재할 수 있다. 나는 칭기즈칸의 군인이었다가(「자유」), "나무의 몸에서 한 세기쯤 자고/투명한 몸으로 자유를 살다가/산소와 녹음뿐인 그 골짜기에" 내리는 "한 방울 비"(「북한강」)가 되기도 하고, "한 생애는 학자로 한 생애는 창녀로 살"(「검은 책」)기도 한다. 공간적 제약은 물론 전생–이생–후생마저 뛰어넘어 다채로운 모습으로 존재하는 이들은 "한 번도 길들여진 적이 없고/우리에 갇힌 적이 없는/이름 하나로 규정할 수 없는/자유 영혼(「묘비」)이다.

수시로 존재의 외피를 갈아입는 이 '자유 영혼'들에게서 공통적으로 발견할 수 있는 정체성이 있다면 그것은 '떠돎'이다. 한 존재로서 안주하지 않는 이들은 숙명처럼 세계를 떠돌아다니며, 그 유동성(流動性)으로 자기 존재를 증거한다. 이 시집에 유독 '카라반'과 '유목민'이 많이 등장하는 것은 한곳에 정주하지 않는 이들이야말로 유동성의 상징이기 때문이다. 카라반은 사막이나 초원과 같이 교통이 발달하지 않은 지방에서 낙타나 말에 짐을 싣고 떼를 지어 먼 곳으로 다니면서 특산물을 교역하는 것으로 생계를 이어가는 대상(隊商)들이다. 유목민들은 목축을 업으로 삼는 까닭에 가축에게 먹일 신선한 물과 풀을 따라 끊임없이 옮겨 다닐 수밖에 없다. 따라서 이들에게 정체(停滯)는 곧 죽음과 동의어다. 이들은 멈추지 않고 이동해야만 생활을 지속할 수 있다. 아니 유랑과 표류가 바로 생활 자체다. 이 시집에 「노마드」라는 시도 있거니와 유경희는 이들을 통해 '무(탈)경계' 라는 자신의 시적 세계관을 적극적으로 드러낸다.

초지를 찾을 수 없어서 집을 짓기 시작했지
바닥을 놓으니 땅의 노래를 들을 수 없었다
기둥을 세우니 풍경이 상처를 입는다
지붕을 만드니 하늘의 소리를 들을 수 없어서
낮에는 갈 곳이 없었고 밤에는 무엇엔가 쫓겼어

내가 지상에서 바라는 것 하나
우루무치행 편도 티켓 하나

—「노마드」 전문

노마드(nomad)는 '유목민, 정착하지 않고 떠돌아다니는 사람'을 뜻한다. 우리말로 '유목(遊牧)주의'라고 번역되는 노마디즘(nomadism)은 이들의 삶과 사유를 말하는 것으로서, 요즘에는 특정한 가치와 삶의 방식에 얽매이지 않고 자유롭게 살아가는 정신과 그 태도를 두루 일컫는 말로 쓰인다. 노마디즘을 추구하는 이들은 어딘가에 붙박이는 것을 거부하고 끊임없이 자기를 부정하면서 새로운 자아를 찾아가고자 하는데 이를 통해 '일신우일신(日新又日新)'이라는 고사성어처럼 늘 자신을 갱신하고자 한다. 그렇다면 왜 자신을 바꾸어가는 창조적인 행위를 하는 데 '떠돎'이 주요한 자격으로서 요구되는 것일까. 이는 '정주(定住)'가 필연적으로 정체성(停滯性)과 배타성을 불러오기 때문이다. 특정한 곳에 머물러 산다는 것은 곧 그곳의 자연과

삶의 양식과 이웃 사람들로 하여금 자신의 정체성(正體性)을 규정토록 한다는 것이고, 이렇게 형성된 정체성은 자연히 이방인과 같이 외래적인 것에 배타적인 감정을 갖게 된다. 이 배타성은 나(우리)와 너(이방인)를 구분함으로써 또한 고정관념과 위계질서를 내재화시킨다. 바닥을 놓으면 "땅의 노래를 들을 수 없"고, 기둥을 세우면 "풍경이 상처를 입"고, 지붕을 만들면 "하늘의 소리를 들을 수 없"게 되는 것처럼 말이다. 하여 유경희는 땅에 뿌리내리고 토박이로 살면서 정체성(停滯性)과 배타성에 물들지 않기 위해 바람처럼 구름처럼 떠도는 유목민이 되고자 한다. 그가 한사코 경계를 지우려고 하는 건 국경과 같은 '경계'들이 정주를 유지하는 조건이기 때문이다. 유경희는 경계를 지움으로써 어떠한 정해진 형상이나 법칙에도 구애받지 않고, 정주민(定住民)적인 고정관념과 위계질서로부터 해방되기를 꿈꾼다. '개와 늑대의 시간'은 바로 그 꿈이 도래하는 순간이며, 유경희는 유목민적 상상력을 통해 그 환상적인 순간들을 우리 눈앞에 펼쳐 보인다.

이러한 유목민적 상상력과 관련하여 눈여겨볼 유경희 시의 또 다른 특징은 '이국취미(異國趣味, exoticism)'의 정서다. 유경희 시의 화자들은 쉬지 않고 유랑하며 세계 방방곡곡을 누비면서 낯선 이국의 정취를 시 속으로 끌어들인다. 우리는 칭기즈칸·라인홀트 메스너·클레오파트라 같은 인명과 만리장성·알렉산드리아 도서관·에페소스 신전 같은 건축물들, 몽골·체

첸·티베트·터키·인도 등의 나라와 히말라야·라다크·자이푸르·우루무치·라첸라 페스·카라코람 하이웨이·곤야·셀축 등의 지명, 그리고 초원·사막·태평양·지중해·설산·고원·크레바스·실크로드·스텝 같은 이국의 풍광들을 시 곳곳에서 찾아볼 수 있다. 아래 인용시에도 아랍·남태평양·네덜란드·루시·파리스·에드·헬레네·호주·나일즈 할아버지·아르테미스·이스탄불 같은 시어들이 이국적인 정취를 환기하고 있다.

> 셔터만 누르면 엽서가 되는 여러 개의 아랍식 정원이 있는
> 예쁜 집에 K와 앉아 저녁 식사를 기다린다
> 은퇴한 화가인 바깥주인은 화분에 물을 주고 있고
> 한쪽 벽의 모자이크 집시 소녀의 얼굴에
> 자꾸만 눈길이 간다
> 남태평양에서 온 루시는 파리스 룸에
> 네덜란드에서 온 독신 남자 에드는 헬레네 룸에
> 호주에서 온 나일즈 할아버지는
> 아르테미스 품에 안겨 잠이 들고
> 우리는 이스탄불에서 묵는다
> 자정이 되자 개가 많이 짖기 시작하는데
> 마을 묘지의 사람들이 하루를 시작하는 소리인 것 같다
> 이곳 사람들은 셀 수 없이 기도를 한다
> 우리가 어디에서 시작되었는지 우리가 어디로 가고 있는지
> 고요가 무엇인지 진실이 무엇인지

시간이 지울 수 없는 것이 무엇인지에 대하여
—「아랍식 정원이 있는 집—Sofa hotel 이야기」 전문

보통 시에 이국취미가 짙게 드러나는 이유는 세 가지로 이야기할 수 있다. 첫째는 단순히 이질(異質)적인 것을 진기하게 여기는 소박한 감정의 발로에서다. 둘째는 그것이 동경으로 발전한 경우로 이때 이국은 탐미(耽美)의 대상이 되기 쉽다. 셋째는 이국정취를 의도된 기교로서 사용하는 경우다. 이는 이국정취를 시에 끌어들여 시의 분위기를 낯설게 하려는 수법이다. 주목할 점은 유경희의 시에 나타나는 이국취미는 이 세 가지 경우 어디에도 해당하지 않는다는 것이다. 유경희는 이국적인 요소들을 거침없이 시에 수용하지만 거기에는 이국의 정서에 대한 동경이나 미화(美化)가 깔려 있지 않다. 인용시에서처럼 그것들은 담담히 묘사될 뿐이다. 이는 유경희 시의 무(탈)경계적 특징이 이곳과 저곳 사이에 위계를 형성하지 않기 때문이다. "어디나 일상은 일상이다 그것이 지중해 크루즈라고 해도"(「Pethiye」)라는 구절에서처럼 유경희에게는 이곳과 저곳이 다르지 않다. 이국취미는 자칫 절망에서 비롯한 현실도피나 현실 혐오로 이어지거나 그것과 결부된 어설픈 낭만주의와 결탁하기 쉬운데, 유경희의 시는 이러한 이국취미의 폐단에 빠지지 않는다. 「아랍식 정원이 있는 집」에서처럼 유경희는 이국의 정서를 시의 분위기를 살리는 양념으로서 적절히 활용하며 작품의 완성도

를 높인다.

3. 침묵의 시

『내가 침묵이었을 때』라는 시집의 제목에서도 짐작할 수 있듯이, '침묵'은 유경희의 시세계를 지탱하는 핵심어다. 언뜻 생각해보면 '침묵'과 언어로 만들어지는 '시'는 상반되는 것 같지만, 사실 시는 언어를 최소화하여 마침내 침묵에 이르려는 시도다. 때로는 행간이 더 많은 뜻을 품고 있는 것처럼 어쩌면 시를 시로 만드는 것은 침묵이다. 침묵의 사전적 의미는 "아무 말도 없이 잠잠한 상태" 또는 "정적(靜寂)"이지만, 그것은 말과 말 사이의 휴지(休止)이기도 하고, 말을 유예하고 있는 발화 직전의 상태이기도 하다. 침묵은 단지 말이 부재하는 상태라기보다는 모든 발화의 가능성을 내재하고 있는 말의 가능태이기도 한 것이다. 또한 아무리 두꺼운 책이라도 페이지가 영원히 계속될 수는 없는 것처럼 말은 언젠가 반드시 중지되면서 침묵을 불러온다. 말과 침묵은 극명하게 다른 양태로 존재하지만 기실 동전의 양면과도 같은 것이다.

그렇다면 과연 침묵으로 쓴 시는 존재할 수 있을까? 아무것도 쓰여 있지 않은 빈 종이는 시가 될 수 있는가. 상식적으로 생각해보면 말하는 동시에 침묵한다는 건 불가능해 보인다. 종이

위에 시어 하나를 부릴 때마다 시인은 침묵을 배반하며, 언어가 태어날 때마다 침묵은 죽임당한다. 말과 침묵은 하나가 가동되는 순간 다른 하나를 완전히 지워버린다. "침묵과 소음의 중간 지대가 나의 영토"(「언어의 여행」)라는 구절이 말해주듯이 유경희는 이 점을 바로 알고 있으며, 그래서 괴로워한다. "한마디 말도 없이 피고 지고/흙으로 돌아가는 들꽃/한 송이처럼" "흔적을 남기지 않는 것이 시"(「여백」)라고 여기지만, 결과적으로 "흔적을 남기지 않는 것이 시"라는 언명 자체가 '시라는 흔적'으로 남는다. 유경희의 시가 작동하는 이면을 가만히 들여다보면 거기에는 침묵을 말하기 위해 시를 쓴다는 역설적 상황에 대한 고민이 배어 있다. 시로서 침묵하고 싶지만 막상 침묵이 도착하면 시는 중지될 것이다. 결국 이런 고민의 와중에 실체를 얻는 것은 침묵이 아니라 시다. 따라서 시가 쓰이는 동안 침묵은 다가오는 침묵, 징후로서의 침묵이다.

> 내가 침묵이었을 때, 툰드라의 이끼, 나무 장미 울타리, 사슴의 눈망울, 아기의 첫 호흡, 찔레나무의 첫 번째 잎사귀, 깊은 우물의 두레박, 14세기 편지의 한 구절이었을 때 내가 숲의 그늘, 지나가는 계절, 코요테의 울음소리, 마야의 실, 메타세쿼이아 가지의 종달새였을 때, 일 분마다 우주가 사라질 때 내가 침묵으로 돌아갈 때
>
> —「야생 보호구역」 전문

인용시에는 앞서 말한 징후로서의 침묵이 잘 드러나 있다. 시에 표현된 사물들은 모두 언어를 구사할 수 없는 존재들이다. 유경희는 의도적으로 목적어와 서술어를 배제한 채 그것들을 나열함으로써 침묵의 모습을 보여주고자 한다. 「야생 보호구역」에서 이미지들은 어떤 의미를 창출하는 수단이 아니라 그 자체로서 의미가 된다. 별다른 내적 필연성 없이 열거되는 사물들은 시적 전언을 위해 한길로만 흐르는 방향성에서 도망쳐 나와 각기 다른 모습의 침묵을 그려 보인다. 그렇게 다양하게 발화된 침묵의 이미지들은 하나의 쉼표를 건널 때마다 포개지면서 마침내 '침묵'이라는 비언어적 실체를 언어로써 우리 마음속에 그려낸다. 그렇게 유경희는 시를 통해 우리를 "언어는 지워지고 색채도 내려놓은/침묵의 사유지"(「바둑」)로 데려간다. 이렇게 "가장 깊은 곳과 높은 곳의 침묵"(「태평양」)이 한데 어울린 「야생 보호구역」은 이제껏 이야기한 유경희 시의 특징을 모두 품고 있는 아름다운 시다. 이끼, 울타리, 눈망울, 잎사귀, 두레박, 울음소리, 실… 등으로 계속 변모하는 '나' 는 경계를 지우는 유목민적 상상력의 요체를 잘 보여주는 한편 우리를 낯설고 신비로운 이국의 정서 속에 내려놓는다. "일 분마다 우주가 사라질 때 내가 침묵으로 돌아갈 때"는 '개와 늑대의 시간'에 다름 아니다. 「안식휴가 2」 역시 소연하고 아름다운 한 편의 '침묵의 시'다.

아무것도 적히지 않은 노트 같은
평화로운 하루가 흘러간다
가만히 침대에 누워
하늘에 동그라미를 하나 그려본다
무지개도 하나 그려본다
색들을 하나하나 칠해본다
나뭇잎 한 장 바람 한 올 햇빛 한 점을 넣어서
열매를 하나 빚는다
자, 이제 백악기의 석탄층쯤에 들어가
영원히 잠을 자는 거다
아무것도 적히지 않는 노트에서는 수평선이
유목민의 지평선 속으로 사라지기도 한다

—「안식휴가 2」 전문

"아무것도 적히지 않은 노트"는 '침묵의 시'에 대한 비유다. 시의 화자는 허공중에 동그라미와 무지개와 나뭇잎과 바람과 햇빛을 그려보는 것으로 "아무것도 적히지 않는 노트"를 채운다. 그 노트에 빚어진 '열매 하나'는 아마도 "소음과 침묵 사이 낙서와 백지 사이/지평선과 나무 사이/엄마의 사랑과 상형문자 사이에/신과 사람 사이 사람과 고양이 사이에/탄생과 소멸 사이에/백지와 양피지 사이에/밤과 아침 사이/새와 오리 사이"(「중간 지대—특수 학급」)에 있는 시(詩)일 것이다.

오늘도 나는 아이들에게 빨리 걸어야 한다고 이야기를 한다
천천히 걸으면 작고 아름다운 것들을 볼 수 있다는 말은 하지 않는다
오늘도 나는 씨름 잘하는 아이에게 왜 달리기는 하지 못하느냐고 화를 낸다
오늘도 나는 푸른 세쿼이아 나무 한 그루에게
큰 숲에 가야만 큰 나무가 될 수 있다는 말을 한다
잡목림에서는 들꽃의 이야기를 들을 수 있다는 말은 하지 않는다
오늘도 난 아이들에게 거대한 행복에 대해서만 이야기를 한다
작은 아이들의 작은 행복은 모른 체한다
오늘도 난 높이 오르면 멀리 많은 것을 볼 수 있다고 이야기를 한다
그렇지만 높이 오르려면 많은 것을 잃어버릴 수도 있다는 말은 하지 않는다

—「교실」 전문

『내가 침묵이었을 때』의 첫 번째 시 「교실」이 환기하는, 우리가 지금 발 딛고 선 불우한 현실에서 그 시는 어쩌면 "지상이 원하지 않는 것"(「시 쓰는 밤」)일지 모른다. 그럼에도 불구하고 유경희는 수다한 말들에 맞서 침묵으로, 우리를 재단하려는 세속

의 온갖 '경계 지음'에 대해서는 안주하지 않는 정신과 거기서 비롯한 품이 넓은 상상력으로 응전하고 있다. 유경희는 「시 쓰는 밤」을 "지독한 난산"이라고 고백하며, "인디언 여자처럼 혼자 낳은 이 아이를/무한과 영원을 알도록 길러야겠다"고 말한다. 앞으로도 그의 시를 지켜봐야 할 이유이다.

이 도서의 국립중앙도서관 출판시도서목록(CIP)은 서지정보유통지원시스템 홈페이지(http://seoji.nl.go.kr)와 국가자료공동목록시스템(http://www.nl.go.kr/kolisnet)에서 이용하실 수 있습니다.(CIP제어번호: CIP2016006800)

문학의전당 시인선 223
내가 침묵이었을 때

초판 1쇄 인쇄 2016년 3월 15일
초판 1쇄 발행 2016년 3월 22일
지은이 유경희
펴낸이 고영
책임편집 이현호
디자인 헤이존
펴낸곳 문학의전당
출판등록 제311-2012-000043호
주소 서울시 은평구 연서로11길 7-5 401호
편집실 서울시 마포구 마포대로 127, 413호(공덕동, 풍림VIP빌딩)
전화 02-852-1977
팩스 02-852-1978
블로그 http://blog.naver.com/mhjd2003
전자우편 sbpoem@naver.com

ISBN 979-11-5896-248-7 03810